TITANOSAURIO

EL DESCUBRIMIENTO DEL DINOSAURIO MÁS GRANDE DEL MUNDO

A Gimena, por su cariño y apoyo constante.
A Gaspar y a Ciro, por su cariño y alegría. –JLC

A mi familia, por estar siempre conmigo. –DP

A Javier, por ser mi alma gemela e incondicional.
A Juana y Rafael, por el cariño y la alegría.
A Rubén, por la sabiduría y el apoyo.
A Sharon, por la valentía. –FG

Agradecimientos

Las expediciones para desenterrar el gigante titanosaurio solo fueron posibles gracias a la ayuda de muchas personas, entre ellas los colegas paleontólogos que participaron en el estudio de la especie: Leonardo Salgado, Alejandro Otero e Ignacio Cerda. También participaron muchos voluntarios, estudiantes y técnicos. De todos ellos, Pablo Puerta fue un miembro clave en el proyecto, y fue el primero en visitar la localidad. La familia Mayo nos mostró el hueso de dinosaurio que Aurelio Hernández había encontrado, y nos hospedó en su rancho durante las sucesivas expediciones que realizamos para extraer los fósiles.

ISBN 978-1-338-56599-7
10 9 8 7 6 5 4 3 2 1   19 20 21 22 23
Printed in the U.S.A. 150
First Spanish Scholastic printing 2019
The text type was set in Aptifer Slab.
The display type was set in League Gothic.
Book design by Kirk Benshoff

Stock photos © Shutterstock: cover background texture and throughout (Attitude), 3 compass (Love-DesignShop), 3 map (Cartarium), 10 bottom texture and throughout (Milagli), 21 bottom (Volodymyr Burdiak), 25 bus (Sergii Tverdokhlibov), 38 map (Cartarium), 38 compass (LoveDesignShop).
Page 11 @MEF / (José Luis Carballido, Pablo Puerta, Javier García Díaz, Alejandro Otero)
Page 12 @MEF / (José Luis Carballido, Pablo Puerta, Javier García Díaz, Alejandro Otero)
Page 18 @MEF / (José Luis Carballido, Pablo Puerta, Javier García Díaz, Alejandro Otero)
Page 19 @MEF / (José Luis Carballido, Pablo Puerta, Javier García Díaz, Alejandro Otero)
Page 21 @Shutterstock
Page 22 @Mef / @MEF / (José Luis Carballido, Pablo Puerta, Javier García Díaz, Alejandro Otero)
Page 24 @Mef / @MEF / (José Luis Carballido, Pablo Puerta, Javier García Díaz, Alejandro Otero)
Page 25 @Mef / Gabriel Lio
Page 26 @Mef / @MEF / (José Luis Carballido, Pablo Puerta, Javier García Díaz, Alejandro Otero)
Page 30 @Mef / @MEF / Amalia Villafañe
Pages 34-35 @Mef / Diego Pol
Pages 36-37 @José María Farfaglia. (Pablo with the big femur) @Javier García Díaz (Laura with the microscope at the lab) @MEF / (José Luis Carballido, Pablo Puerta, Javier García Díaz, Alejandro Otero)

Originally published in English as *Titanosaur*
Translated by Abel Berriz
Copyright © 2019 by American Museum of Natural History and Museo Paleontológico Egidio Feruglio
Translation copyright © 2019 by Scholastic Inc.

DR. JOSÉ LUIS CARBALLIDO y
DR. DIEGO POL

ILUSTRADO POR FLORENCIA GIGENA

TITANOSAURIO

**EL DESCUBRIMIENTO
DEL DINOSAURIO MÁS
GRANDE DEL MUNDO**

SCHOLASTIC INC.

UNA MAÑANA TEMPRANO, en un lugar llamado Patagonia, en Argentina, un gaucho y su perro salieron de su rancho en busca de una oveja extraviada.

Tras horas de búsqueda, el gaucho divisó algo que sobresalía en el suelo.
Su perro corrió hacia allí y comenzó a olfatear alrededor del misterioso montículo.
"¿Qué es eso?", se preguntó el gaucho.
No se parecía a nada que hubiera visto.

GAUCHO Un gaucho es un jinete hábil, como el *cowboy* norteamericano, nativo de Argentina, Uruguay y algunas partes de Brasil. En la Patagonia, los gauchos son granjeros y pastores.

Unos meses más tarde, el gaucho paseaba por la ciudad cuando se detuvo frente a un museo que exhibía el esqueleto de un dinosaurio. El hombre fue hasta la recepción.

—Perdone —dijo, señalando el esqueleto—. Encontré un hueso como ese en mi rancho. Pero es mucho más grande que el que tienen aquí.

Poco después, los dos paleontólogos del museo llegaban corriendo.

—¿Dónde queda exactamente su rancho? —preguntó Diego, uno de los paleontólogos.

—Como a tres horas de aquí, hacia el oeste —les respondió el gaucho.

PALEONTÓLOGO Un paleontólogo es un científico que estudia plantas y animales del pasado, en algunos casos ¡de hace millones de años!

Los dos científicos se miraron. Sabían que en esa área había rocas que se habían formado hacía más de cien mil años… ¡cuando los dinosaurios poblaban la Tierra!

—¿Mucho más grande? —repitió José, el otro paleontólogo, mientras se preguntaba cuánto más grande podía ser el hueso—. ¿Podemos ir a verlo?

LOS HUESOS DE DINOSAURIO

son fósiles. Los fósiles son pedazos de plantas y animales que existieron mucho tiempo atrás y fueron sepultados y conservados en la corteza terrestre. Los huesos fósiles son pesados como rocas, pero también son muy delicados. Siempre tienen grietas, por lo que, si se manipulan con brusquedad, se pueden romper en muchos pedazos. Los paleontólogos utilizan diferentes pegamentos y químicos para rellenar las grietas, con el fin de que los huesos no sufran daños a la hora de excavarlos.

Al llegar al rancho, José y el gaucho se dirigieron hacia las colinas, donde encontraron el lugar donde el hombre había visto el extraño objeto.

—¡Tenía usted razón! —le dijo José al gaucho a los pocos segundos—. Este es, definitivamente, un fósil de dinosaurio. Y, por lo que puedo ver, es más grande que cualquier otro hueso que hayamos encontrado por aquí.

Una vez más, José se preguntó: "¿Cuánto más grande podría ser?".

¡Solo había una manera de saberlo!

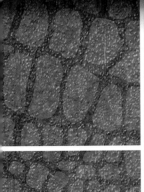

Enseguida José reunió un pequeño grupo de científicos para extraer el hueso, que estaba enterrado bajo la dura roca. Siempre le gustaba el comienzo de una nueva excavación. ¡No saber lo que iba a encontrar era emocionante!

EXCAVAR para extraer huesos de dinosaurio es un trabajo delicado, para el que se necesita una gran variedad de herramientas. Desenterrar un dinosaurio gigante requiere remover grandes cantidades de roca. Los paleontólogos emplean herramientas eléctricas como martillos neumáticos y sierras para cortar la roca, y palas y carretillas para recogerla. Sin embargo, cuando se acercan al hueso, los paleontólogos emplean herramientas más pequeñas y delicadas, como sondas periodontales, punzones y pinceles, porque los huesos son muy frágiles. Con esas herramientas remueven suavemente la roca hasta que liberan el hueso. El proceso puede tomar bastante tiempo.

—¡No puedo creerlo! —exclamó José, midiendo el hueso que le había tomado una semana desenterrar—. ¡Tiene dos metros con treinta y ocho centímetros!

El fémur era más largo que cualquier otro hueso de dinosaurio que el equipo de científicos hubiera visto.

José esperaba poder transportarlo de vuelta al museo sin que se rompiera.

FÉMUR El fémur es el hueso del muslo que conecta la pelvis con la rodilla. Es el hueso más largo del cuerpo, y el que soporta más peso.

—¿Te tomó diez días desenterrar un hueso? —le preguntó Diego cuando finalmente José regresó al museo. Diego nunca había estado más de unos pocos días desenterrando un solo hueso; diez parecía demasiado—. ¿Por qué te tomó tanto tiempo?

—¡Ven y míralo con tus propios ojos! —respondió José, conduciendo a su colega hasta el laboratorio.

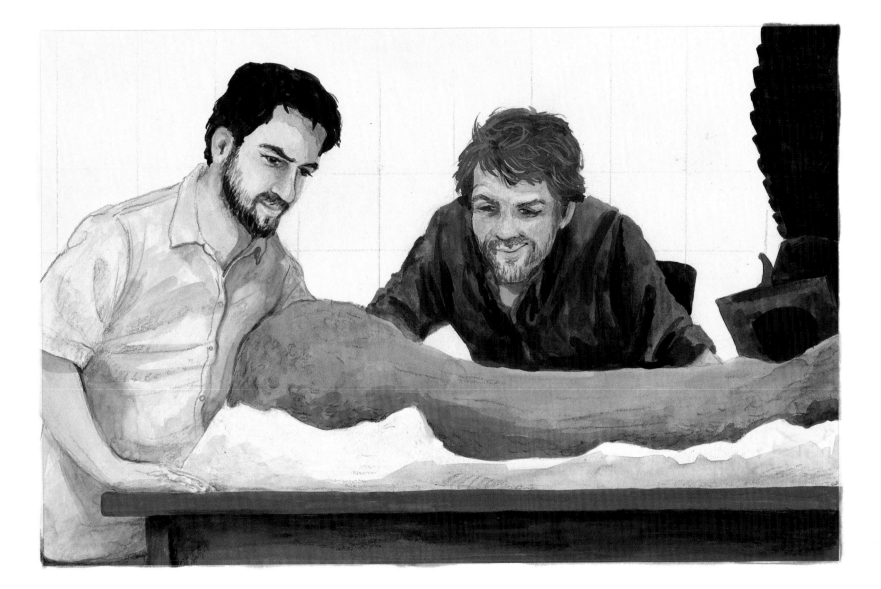

Diego vio el hueso gigante por vez primera y su rostro se iluminó.

—Podría haber más —le dijo José—. Tal vez, si tuviéramos un poco más de tiempo…

—Vamos a reunir un equipo —lo interrumpió Diego—. ¡Tenemos que regresar de inmediato!

Mientras esperaban que el equipo llegara al rancho, José, Diego y su amigo y colega Pablo Puerta intentaron determinar el mejor lugar para comenzar la excavación.

Encontré algunos trozos de hueso por aquí! —gritó José.

Hay otros dos por acá! —gritó Diego.

Este pedazo de aquí es una vértebra! —gritó Pablo, treinta metros más allá.

é y Diego observaron la vértebra de cerca.

Por la forma, diría que es un titanosaurio —dijo Diego.

Estoy de acuerdo —dijo José—. ¡Eso explicaría el tamaño gigantesco del

mur!

Pertenecerían la vértebra y el fémur al mismo dinosaurio?", se preguntó.

olo había una manera de saberlo!

LOS TITANOSAURIOS eran saurópodos —grandes dinosaurios herbívoros que caminaban en cuatro patas y tenían colas y cuellos largos, y cabezas diminutas— que vivieron hace aproximadamente 120 millones de años, durante el período Cretáceo. Los pedazos que los científicos iban encontrando encajaban como en un rompecabezas, ¡y un gigantesco titanosaurio iba tomando forma! La vértebra pequeña del coxis tenía una bola por detrás y una cuenca por delante, de modo que los huesos encajaban perfectamente uno junto al otro. ¡No había dudas de que ese pequeño hueso de la cola alguna vez había pertenecido a un titanosaurio!

LAS VÉRTEBRAS de la cola llamaron la atención de los científicos debido a su forma inusual. Las marcas profundas y arqueadas a los lados de los huesos más largos que conectaban la cola con las patas traseras eran mucho más grandes que las que habían visto en otros dinosaurios. ¡Eso significaba que los músculos también eran más grandes! El rompecabezas sumaba nuevas piezas cada día.

Unos días más tarde, ¡el equipo expedicionario conformado por veinte personas comenzaba el trabajo! ¡Al cabo de unas horas habían expuesto varias vértebras enormes de la cola! Poco después, descubrían los huesos de la cadera.

Esa noche, de regreso en el campamento, José pensó en los increíbles descubrimientos que habían hecho ese día. Todos los huesos parecían encajar de manera tan perfecta que apenas podía creerlo.

—Estoy bastante seguro de que lo que tenemos aquí es un titanosaurio inmenso —le dijo al equipo, sonriendo.

¡EL TRABAJO EN EQUIPO

es la clave para desenterrar dinosaurios de manera exitosa! Los equipos están conformados por paleontólogos, técnicos de laboratorio, estudiantes y voluntarios que trabajan en grupo. Las excavaciones de fósiles de dinosaurios suelen realizarse en lugares remotos, lejos de las ciudades, así que los paleontólogos tienen que acampar cerca del sitio. El equipamiento para la excavación es tan importante como el equipo de acampada y de cocina, necesarios para vivir en un campamento. ¡A menudo, los paleontólogos tienen que acampar por más de un mes mientras excavan!

Pasaron días excavando huesos y más huesos, ¡hasta que tuvieron tantos que pudieron estimar realmente cuánto pesaba el dinosaurio! Diego midió los huesos de las patas y comenzó a calcular cuántas libras podían soportar.

—¿Ya sabes cuántas? —preguntó José, impaciente.

LA MASA CORPORAL

o peso de un dinosaurio extinto puede estimarse midiendo la circunferencia o grosor general de los huesos de las patas. En el caso de los cuadrúpedos —animales que caminan en cuatro patas—, los huesos más grandes de las patas delanteras se llaman húmeros y los de las patas traseras, fémures. Los animales más pesados necesitan huesos gruesos que soporten su peso, así que hay una relación directa entre las medidas de los huesos de las patas y la masa corporal. Si sabes cuán gruesos son, ¡puedes calcular cuánto pesaba el animal! Ese no era un titanosaurio cualquiera, ¡era el titanosaurio más grande que se había encontrado! Un elefante africano pesa entre 2,5 y 7 toneladas. ¡Imagínate juntar 10 elefantes de 7 toneladas!

—Sí —respondió Diego, pasmado—. ¡Este titanosaurio pesaba setenta toneladas!

—¡Ese es más o menos el peso de diez de los más grandes elefantes africanos! —gritó José—. Lo que convierte a este dinosaurio…

—En el más grande que se ha encontrado —dijo Diego, terminando la frase, asombrado.

Tras unos minutos de celebración, el equipo volvió al trabajo.

No había pasado mucho tiempo cuando Pablo volvió a gritar.

—¡Encontré otro fémur!

—¡Yo también tengo otro fémur! —gritó José desde el otro extremo del sitio.

—¿Tres fémures? —preguntó un estudiante—. El dinosaurio solo tiene dos.

Diego sonrió.

—Parece que hemos encontrado más de un dinosaurio —dijo.

¡El equipo no podía creer la suerte que habían tenido! No solo habían descubierto el dinosaurio más grande que se había encontrado, sino que parecía que había más de uno enterrado en el lugar.

EL EQUIPO desenterró más de 100 huesos de siete dinosaurios diferentes en esa antigua parcela de tierra, ¡en solo dos semanas! Como sabían que los titanosaurios vivían en manadas, pensaron que se trataba de los huesos de una manada de dinosaurios que habían sido sepultados por una inundación o una erupción volcánica. Pero los huesos se encontraban en diferentes niveles, por lo que los científicos concluyeron que los dinosaurios habían muerto en diferentes momentos.

TRANSPORTAR los gigantescos huesos de dinosaurio desde el sitio de la excavación hasta el laboratorio del museo fue otra proeza del equipo. Igual que los médicos envuelven una pierna o un brazo fracturados con vendas de yeso, los paleontólogos envuelven los huesos de dinosaurio con vendas de yeso y arpillera para protegerlos. Pero hay una diferencia: mientras los médicos emplean una o dos libras de yeso, ¡los paleontólogos usan cientos de libras de yeso para un solo hueso gigantesco de dinosaurio! Los científicos envuelven los huesos con yeso duro para que no sufran daños mientras son transportados.

Con más de 100 huesos por cubrir con yeso, pronto se empezaron a acabar los suministros del equipo. Diego quería cubrir los huesos de la cadera y el coxis, ¡pero esos solos pesarían más de una tonelada! El equipo necesitaría una grúa para levantarlos. También se necesitaría una carretera para que la grúa y el camión de plataforma pudieran llegar al sitio de la excavación, pues el camino que había no era lo suficientemente ancho.

Había otro problema: se acercaba el invierno. Las noches gélidas, los días fríos, la lluvia e, incluso, las nevadas podrían dañar los frágiles huesos. ¡Tenían que terminar de excavar antes de que llegara el invierno!

Mientras Pablo agenciaba más suministros, ¡el equipo descubrió los huesos del cuello! Y quince de ellos parecían pertenecer al mismo dinosaurio.

—¡El cuello de este dinosaurio debe de haber sido más largo que un autobús escolar! —dijo Diego mientras tomaba las medidas.

LAS INVESTIGACIONES

arrojan nuevas teorías sobre los dinosaurios cada día. Hasta hace poco tiempo, los paleontólogos pensaban que los dinosaurios herbívoros tenían cuellos largos para poder alcanzar las ramas más altas de los árboles. Sin embargo, hoy piensan que es más probable que esos dinosaurios necesitaran un cuello largo para poder alimentarse de árboles cercanos sin tener que caminar. ¡El titanosaurio que encontraron tenía un cuello de más de doce metros de largo!

Finalmente, alguien encontró algo afilado y puntiagudo: ¡un diente! Diego lo observó minuciosamente. Sabía que un diente podía decirle mucho sobre el modo en que comía el animal. Una vez más, comenzó a hacer cálculos.

—Basándome en el peso de este titanosaurio —dijo por fin—, ¡diría que debe de haber comido a diario una cantidad de plantas suficiente para llenar un terreno de fútbol completo!

LOS DIENTES les ofrecen a los científicos mucha información sobre la criatura a la que pertenecen. Siendo mucho más fuertes que los huesos del cráneo, es más probable que se conserven (aunque se han descubierto más de setenta especies de dinosaurios, ¡solo se han encontrado cuatro cráneos!). Los dientes que el equipo halló tenían marcas claras que condujeron a los científicos a pensar que el titanosaurio los empleaba para cortar ramas y hojas. Como muchos dientes de dinosaurio, no eran buenos para masticar, ¡por lo que dedujeron que el titanosaurio se tragaba las hojas enteras! Los dientes de los dinosaurios carnívoros, en cambio, son mucho más afilados, perfectos para cazar.

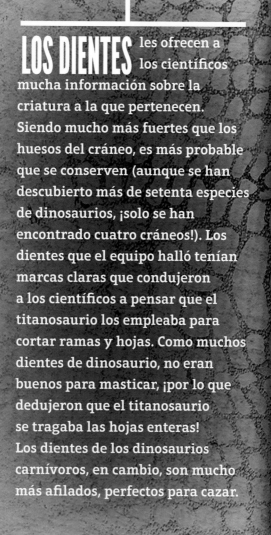

Cuando hubieron descubierto la mayoría de los huesos, el equipo se dedicó a la tarea de trasladarlos con cuidado al laboratorio. Finalmente, Pablo regresó con más provisiones y una excavadora para allanar el camino.

—Espero que podamos terminar a tiempo —dijo con inquietud.

—No tenemos otra opción —dijo Diego.

Cada día anochecía más temprano, y Diego comenzó a notar que el aire refrescaba. Al fin, tras quince largos días, todos los huesos habían sido envueltos en cubiertas de yeso y la carretera estaba casi terminada. La noche antes de marcharse, ¡el equipo se reunió para celebrar!

A la mañana siguiente muy temprano, la grúa alzó las cubiertas de yeso, una a una, y las depositó en el camión. Tras cargar la última cubierta, el equipo aplaudió. Hasta el gaucho y su perro fueron a despedirse.

Los huesos que habían estado enterrados en el desierto por más de cien millones de años tendrían por fin un nuevo hogar.

NUEVAS ESPECIES

de dinosaurios son descubiertas constantemente. Tras estudiar los huesos que habían excavado, Diego, José y sus colegas se percataron de que se trataba no solo del titanosaurio más grande que se había encontrado, ¡sino también de una especie totalmente nueva! En agosto de 2017 le fue otorgado el nombre científico *Patagotitan mayorum*. *Patago*, por el lugar donde lo hallaron —la Patagonia—, y *mayorum*, por la familia dueña del rancho: los Mayo.

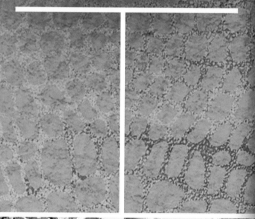

De vuelta al museo, el equipo descargó el camión y retiró con cuidado las cubiertas de yeso. Luego comenzaron a limpiar los huesos, también con mucho cuidado. José y Diego contemplaron el laboratorio. ¡Estaba repleto de más de 180 huesos de titanosaurio! El trabajo continuó, estudiando cada hueso para ver qué secretos revelaban.

Para estudiar los huesos, estos se deben escanear por todas sus caras para luego crear una réplica tridimensional de cada uno. Los científicos hacen eso para poder exhibir el esqueleto del dinosaurio sin exponer los huesos reales a algún daño. Tras seis meses de trabajo, todos los huesos habían sido reproducidos.

Finalmente, el equipo comenzó a ensamblar el esqueleto, colocando cada réplica en su lugar exacto. Les tomó 40.000 horas de trabajo —¡dos semanas enteras!— completar el dinosaurio.

RÉPLICA Una réplica es una copia o modelo de algo. Las réplicas del titanosaurio fueron hechas con un material ligero llamado fibra de vidrio.

Catorce meses después de haber excavado el primer fémur, el esqueleto del titanosaurio había sido completado. Todo el equipo se aglomeró en el inmenso almacén para verlo. Era impresionante.

El esqueleto del titanosaurio medía treinta y siete metros de largo y poco menos de ocho metros de alto.

—Es más grande de lo que imaginaba —dijo José, dando la vuelta alrededor del esqueleto, admirado.

—Es el dinosaurio más grande que se ha encontrado —dijo Diego.

José miró a su amigo y colega, y sonrió con picardía.

—Por ahora —dijo—. Por ahora.

QUERIDOS LECTORES:

El descubrimiento de nuevos fósiles siempre nos provoca una increíble sensación que nos transporta a la niñez, cuando imaginábamos aventuras y viajes a desiertos remotos, buscando siempre algo nuevo que nadie hubiera visto antes. Hoy en día, como paleontólogos, eso es parte de lo que hacemos: imaginar nuevas expediciones a los vastos desiertos de la Patagonia. Poder compartir nuestras anécdotas con jóvenes lectores que sueñan, como nosotros, con aventuras y expediciones en busca de dinosaurios, es uno de los encantos de nuestra profesión. Con ello cerramos el círculo. ¡Quizás esas anécdotas motiven a algunos de ustedes a convertirse en paleontólogos y ser parte de la futura generación que algún día vivirá nuevas aventuras en busca de dinosaurios! Esperamos que hayan disfrutado de nuestra historia sobre el descubrimiento del titanosaurio.

DR. JOSÉ LUIS CARBALLIDO Y DR. DIEGO POL

DR. JOSÉ LUIS CARBALLIDO

DR. DIEGO POL

CUBA

REP. DOMINICANA

MÉXICO   JAMAICA   HAITÍ

GUATEMALA   SAN CRISTÓBAL   ANTIGUA Y BARBUDA
          HONDURAS   Y NIEVES
                                                                    DOMINICA
EL SALVADOR   NICARAGUA   SANTA LUCÍA
                                                         GRANADA   SAN VICENTE Y LAS GRANADINAS
          COSTA RICA   BARBADOS
                                                         PUERTO ESPAÑA
                                                CARACAS   TRINIDAD Y TOBAGO
     PANAMÁ
                              VENEZUELA
          COLOMBIA
                                        SURINAM
                                  GUYANA
     ECUADOR

                    PERÚ   B R A S I L

                         BOLIVIA

                              PARAGUAY

                                        URUGUAY

                         ARGENTINA

          CHILE

               ★

          PATAGONIA

EL DR. JOSÉ LUIS CARBALLIDO obtuvo su doctorado en 2012 por su investigación y análisis de la evolución y anatomía de los dinosaurios saurópodos en el Museo Egidio Feruglio de la Patagonia, donde aún trabaja. Durante los últimos diez años ha liderado y participado en varias excursiones buscando nueva evidencia paleontológica en la Patagonia. Se interesa particularmente por comprender la vasta diversidad de estos gigantescos dinosaurios herbívoros que proliferaron en la región, pero también estudia especies de otras latitudes.

EL DR. DIEGO POL estudia los dinosaurios y otros reptiles fósiles, y se especializa en comprender sus relaciones evolutivas. Obtuvo su doctorado en 2005, en el programa conjunto de la Universidad de Columbia y el American Museum of Natural History. Desde 2006 ha liderado el programa de paleontología de vertebrados del Museo Egidio Feruglio, en Patagonia, y es investigador asociado de la División de Paleontología del American Museum of Natural History. Durante los últimos diez años, el Dr. Pol y su equipo de investigadores han descubierto los fósiles de más de veinte nuevas especies de dinosaurios, cocodrilos y otros vertebrados.

FLORENCIA GIGENA es madre, esposa, diseñadora gráfica, ilustradora y filántropa. Florencia ha creado diseños, imágenes y estrategias de comunicación en las más variadas áreas comerciales y culturales, desde la presentación del dinosaurio más grande del mundo en Nueva York hasta el lanzamiento de uno de los más modernos autos europeos en Argentina. Es graduada de Bellas Artes y Diseño, y es la jefa del Departamento de Comunicación del Museo Egidio Feruglio y directora de su propia agencia de diseño.